PAIDEIA
ÉDUCATION

MIXTE
Papier issu de sources responsables
Paper from responsible sources
FSC® C105338

MOLIÈRE

Les Femmes savantes

Analyse littéraire

© Paideia éducation.

22 rue Gabrielle Josserand - 93500 Pantin.

ISBN 978-2-7593-1175-0

Dépôt légal : Septembre 2023

Impression Books on Demand GmbH

In de Tarpen 42

22848 Norderstedt, Allemagne

SOMMAIRE

- Biographie de Molière.. 9

- Présentation des *Femmes savantes*......................... 15

- Résumé de la pièce.. 19

- Les raisons du succès... 29

- Les thèmes principaux.. 33

- Étude du mouvement littéraire................................. 37

- Dans la même collection... 41

BIOGRAPHIE DE MOLIÈRE

Jean-Baptiste Poquelin, connu sous le pseudonyme de Molière, naît le 15 janvier 1622 à Paris. Il est le fils de Jean Poquelin et de Marie Cressé. Jean-Baptiste Poquelin commence ses humanités au collège de Clermont (aujourd'hui lycée Louis-Le-Grand), chez les jésuites. Sa mère meurt en 1632, et c'est huit ans après, en 1640, qu'il part étudier le droit à Orléans. En 1643, il fonde avec Joseph Béjart et ses deux sœurs, Madeleine et Geneviève, ainsi que quelques amis « l'Illustre Théâtre », une troupe de comédiens. En janvier 1644 a lieu leur première représentation : *La Mort de Sénèque*, pièce de Tristan Lhermitte. Le 28 juin, Jean-Baptiste Poquelin signe un acte notarié du nom de Molière pour la première fois. Cependant, un an après, « l'Illustre Théâtre » fait faillite. Molière est emprisonné pour dettes et parvient à s'en tirer grâce à l'aide de son père. En octobre 1645, Molière quitte Paris avec les restes de sa troupe pour se joindre à la troupe de Charles Dufresne. De 1646 à 1650, la troupe sillonne de nombreuses villes : Toulouse, Albi, Carcassonne, Nantes, Poitiers, Lyon etc. Durant cette longue tournée en province, Molière fait jouer quelques farces, dont certains noms sont connus comme *La Jalousie de Barbouillé* ou *Le Médecin volant*. En 1650, Molière devient le directeur de sa troupe. À partir de cette année, les comédiens partagent leur temps entre Lyon et le Languedoc jusqu'en 1657. En 1655, la première comédie en cinq actes que Molière écrit, *L'Étourdi ou les contretemps*, est jouée à Lyon.

Le 24 octobre 1658, Molière joue pour la première fois devant le roi et la Cour. Il obtient la salle du Petit-Bourbon, où il jouera le 18 novembre 1659 sa comédie très célèbre, *Les Précieuses ridicules*, qui lui confère le statut d'auteur puisque c'est aussi sa première publication. Malheureusement, le Petit-Bourbon est démoli en octobre 1660. La troupe s'installe par la suite au théâtre du Palais-Royal. En

1661, trois comédies paraissent : *Dom Garcie de Navarre* (4 février), *L'École des maris* (24 juin) et *Les Fâcheux* (17 août). Après le mariage avec Armande Béjart, Molière écrit *L'École des femmes*, présentée sur scène le 26 décembre 1662. Bien que la pièce fasse scandale et entraîne une querelle sur la moralité de son auteur, elle a aussi beaucoup de succès et contribue à son sacre. Molière réplique d'ailleurs aux accusations en mettant en scène au Palais-Royal *La Critique de l'École des femmes* le 1er juin 1663.

En 1664, Molière présente une comédie-ballet au Louvre : *Le Mariage forcé*. La troupe produit plusieurs pièces à Versailles : notamment *La Princesse d'Élide* (8 mai 1664) et surtout la première version du *Tartuffe* le 12 mai, qui fût interdite de représentation par le roi sous la pression de l'archevêque de Paris, en raison de sa satire de la dévotion. Elle sera jouée cinq ans plus tard, une fois remaniée par Molière.

Le 15 février 1665, *Dom Juan* est un véritable triomphe. Même si les recettes diminuent en peu de temps puisqu'elle occasionne un nouveau scandale, Molière ne s'en préoccupe pas puisqu'il dispose du soutien du roi qui décide en 1665, peu après la représentation de *L'Amour médecin* à Versailles, que la troupe de Molière deviendrait la Troupe du Roi. Il connaît alors l'apogée de sa carrière : Molière a beaucoup de succès et est riche. Malgré quelques interruptions dues à des maladies de poitrine fin 1665, il ne cesse pourtant de créer : *Le Misanthrope* le 4 juin 1666, *Le Médecin malgré lui* le 6 août de la même année (il passe de la satire de la dévotion à celle de la médecine), *Amphitryon* en 1667.

Le 9 septembre 1668 il joue *L'Avare*, dont le peu de succès à l'époque est vite rattrapé par le triomphe de la nouvelle version du *Tartuffe*, puis par *Le Bourgeois gentilhomme* en octobre 1670. Suivront, entre autres, *Les Fourberies de Scapin* le 24 mai 1671, qui auront plus de succès après la mort de Molière, *Les Femmes savantes* le 11 mars 1772 (vingt-neuvième pièce de Molière) et enfin *Le Malade Imaginaire*, dernière pièce de Molière jouée au Palais-Royal. Molière y joue le personnage principal et c'est lors de sa quatrième représentation, le 17 février 1673, qu'il meurt brutalement, quelques temps après être sorti de scène.

En 1682, neuf ans après la mort de Molière, le premier recueil des *Œuvres* de Molière est publié par La Grange et Vivot.

PRÉSENTATION
DE LA PIÈCE

Les Femmes savantes, comédie de Molière en cinq actes et en vers, est présentée au Palais-Royal le 11 mars 1772 pour la première fois, et est publiée la même année. Dans *Les Femmes savantes*, Molière reprend et développe *Les Précieuses ridicules*, en tenant compte du fait que les mœurs ont évolué, que les précieuses sont devenues des savantes, entichées de la philosophie de Descartes. Il estime cependant que la pédanterie scientifique les gâte autant que la préciosité. Comme *Les Précieuses ridicules*, *Les Femmes savantes* est devenue l'une des pièces les plus jouées de Molière.

RÉSUMÉ DE LA PIÈCE

Acte I

Scène 1

Deux sœurs se font face : Armande, l'aînée, qui se pique de philosophie, reproche à Henriette, sa cadette, de vouloir s'engager dans le mariage, qui est, pour elle, une perspective « dégoûtante ». D'autant plus qu'elle affirme que Clitandre, le soupirant de sa sœur, serait amoureux d'elle.

Scène 2

Clitandre affirme qu'il aime Henriette et que la froideur d'Armande à son égard a épuisé son amour. Henriette le prie alors de lui demander sa main. Armande, jalouse, menace sa sœur en affirmant qu'elle ne peut disposer de son cœur sans le consentement de ses parents.

Scène 3

Henriette demande à Clitandre de flatter un peu les prétentions savantes de sa mère, Philaminte, qui est en fait celle qui décide, au lieu de son père, Chrysale. Cependant, Clitandre estime ses pensées futiles et parvient difficilement à le dissimuler.

Scène 4

Clitandre rencontre Bélise, la sœur de Chrysale, à laquelle il voudrait parler mais celle-ci pense qu'il lui fait une déclaration d'amour et ne l'écoute pas.

Acte II

Scène 1

Monologue d'Ariste, frère de Chrysale et oncle d'Henriette, homme solide et avisé, qui soutient la cause de Clitandre.

Scène 2

Entrée en scène de Chrysale, père d'Henriette. Ariste essaie de lui parler des projets de mariage de Clitandre et Henriette mais Chrysale n'écoute pas vraiment et évoque des souvenirs de jeunesse.

Scène 3

Alors qu'il évoque enfin la demande en mariage de Clitandre, Ariste est coupé dans sa conversation avec Chrysale par l'arrivée de Bélise, qui affirme que c'est elle que Clitandre aime. Ariste n'y croit pas et Chrysale de rappeler que ce n'est pas la première fois que Bélise s'invente des soupirants.

Scène 4

Après le départ de Bélise, Ariste convainc Chrysale d'accepter le mariage d'Henriette. Il l'enjoint d'en parler à son épouse, mais celui-ci ne voit pas ce qu'elle aurait à dire puisqu'il est le maître de la maison.

Scène 5

Martine, la servante, annonce à Chrysale que son épouse, Philaminte, souhaite qu'elle quitte leur maison.

Scène 6

Philaminte et Bélise chassent Martine car elle s'exprime mal et n'a pas de vocabulaire.

Scène 7

Chrysale reproche à son épouse de ne penser qu'à ses études et à Trissotin, homme de bel esprit, qu'elle admire.

Scène 8

Chrysale finit par parler à Philaminte du mariage d'Henriette et Clitandre. La mère, autoritaire, lui assène qu'Henriette sera mariée à Trissotin, elle a choisi l'homme de bel esprit comme époux pour sa fille. Chrysale ne sait que répondre.

Scène 9

Ariste vient aux nouvelles. Apprenant ce qui se trame, il remonte son frère autant qu'il le peut contre Philaminte et Chrysale prend la résolution de s'imposer devant son épouse.

Acte III

Scène 1

Trissotin, qui entend assurer son avantage, vient régaler les trois femmes savantes de ses œuvres.

Scène 2

Apparition d'Henriette, qui veut esquiver Trissotin, mais sa mère la retient et celui-ci entame la lecture de deux de ses œuvres les plus sophistiquées, un sonnet et une épigramme.

Scène 3

Dans le salon de Philaminte, les trois femmes savantes se pâment à la récitation des vers ridicules de Trissotin. Vadius, savant qui maîtrise le grec, commet l'insigne maladresse de dénigrer le sonnet de Trissotin. Trissotin se met en colère et Philaminte a des difficultés à modérer les deux hommes. Vadius annonce qu'il se vengera.

Scène 4

Philaminte dicte à Henriette sa volonté de la voir épouser Trissotin et la menace.

Scène 5

Trissotin exulte et Armande aussi, félicitant sa sœur tout en l'enjoignant d'obéir à sa mère.

Scène 6

Cependant, Chrysale reparaît et, à l'insu de sa femme, promet solennellement Henriette à Clitandre, ce qui ne réjouit pas Armande.

Acte IV

Scène 1

Armande s'empresse d'aller répéter la scène à sa mère, Philaminte, et critique Clitandre.

Scène 2

Clitandre intervient et force Armande à révéler tout haut la vraie raison de son attaque : elle en veut à Clitandre de ne plus l'aimer. Mais Henriette a déjà conquis son cœur. Philaminte conclut l'échange en affirmant que, de toute manière, Henriette est promise à Trissotin.

Scène 3

Trissotin vient avertir Philaminte du passage d'une comète. Clitandre et lui débattent violemment à propos de science devant Philaminte.

Scène 4

Vadius envoie une lettre à Philaminte l'avertissant de la malhonnêteté de Trissotin, qui n'en veut qu'à sa fortune et est allé jusqu'à plagier Virgile, Horace etc. pour obtenir ses faveurs. Philaminte décide de faire venir le notaire de la famille, pour marier au plus vite Henriette à Trissotin.

Scène 5

Averti de la décision de son épouse, Chrysale de son côté convoque lui aussi le notaire, pour marier sa fille à Clitandre.

Acte V

Scène 1

Henriette s'adresse à Trissotin pour qu'il renonce à l'épouser de force, mais celui-ci affirme qu'il ne renoncera pas puisqu'il est très amoureux d'elle.

Scène 2

Chrysale apparaît en compagnie de Martine, commande à Henriette de lui obéir et se fâche qu'elle puisse douter de sa ferme résolution. Il affirme sa volonté d'être le maître de la maison et demande du soutien.

Scène 3

Philaminte et les deux autres femmes savantes font venir le notaire. Tout le monde se réunit. Le notaire prépare le contrat mais Philaminte et Chrysale nomment un époux différent pour Henriette.

Scène 4

La confrontation des époux a lieu devant le notaire. Philaminte est en passe d'imposer son choix mais un coup de théâtre vient briser sa décision : Ariste vient lui annoncer qu'elle a perdu un procès très important et que les banquiers de Chrysale ont fait banqueroute. La famille est ruinée. Trissotin se retire alors, Philaminte comprend son véritable but. Ariste révèle qu'il a menti pour amener Trissotin à se trahir. Chrysale, pour son désintéressement, obtient la main d'Henriette.

LES RAISONS
DU SUCCÈS

Philaminte, la mère de famille, est une savante pédante férue de philosophie et de sciences, pour laquelle avoir un bel esprit dans la maison est indispensable. C'est un type de mode : la maladie des familles bourgeoises. Armande, sa fille, s'est volontairement assujettie à la manie de philosopher de sa mère, qui lui a fait perdre le sens du réel et l'a portée à des décisions dont elle souffre. Cette situation rend Armande acariâtre et jalouse. Quant à Henriette, sa sœur, elle a décidé de résister à la manie des sciences de sa mère et ne veut pas devenir une « femme savante ». Chrysale, mari de Philaminte, père de la famille, est un homme brave mais sa faiblesse de caractère ne lui permet pas de s'affirmer devant son épouse dont il subit le joug.

Cette pièce brosse le tableau d'une famille bourgeoise de l'époque de Molière, désorganisée par la manie morbide de la philosophie. Philaminte veut marier sa fille Henriette à un cuistre de bas étage qu'elle prend pour un poète de génie, Trissotin. Pour ce faire, elle n'hésite pas à sacrifier la volonté de sa fille, qui aime Clitandre. Telle est la force de la satire de Molière. Devant la manie de la philosophie, les femmes savantes perdent leur passion, leur charme, leur esprit et le juste sentiment de leurs devoirs. C'est évidemment la manie qui rend les femmes savantes ridicules. Des précieuses ridicules aux femmes savantes, le temps se passe et les mœurs évoluent, certes, mais les caractères n'évoluent que très lentement.

Mais dialectiquement, Molière ne nous invite pas à nous jeter dans l'excès inverse. Autrement dit, la pièce de Molière ne nous conduit pas à un système de l'éducation des femmes. Il semble que Molière y fait allusion à une polarisation des comportements des femmes. Le dramaturge nous invite à réfléchir sur la réalité, en créant des personnages caricaturaux, un dialogue ou une action.

LES THÈMES PRINCIPAUX

L'amour est l'un des thèmes principal dans *Les Femmes savantes*.

Chrysale est un personnage fin, bonhomme et sympathique. Il est très riche, et il sait l'importance de la richesse. Mais malgré sa banqueroute, il accepte volontiers un gendre sans grande fortune pourvu que ce soit un honnête homme qui plaise à sa fille par ses qualités : « Il est riche en vertu, cela vaut des trésors. » Les « trésors » de fortune sont bien moindres à côté des qualités de l'homme, ses « trésors ».

C'est à travers Clitandre, par moments, que Molière exprime sa pensée. Effectivement, Clitandre ne méprise pas la science et ne chérit pas l'ignorance. « Être au rang des ignorants » est seulement un choix entre la sagesse et le sentiment : « Je m'explique, Madame ; et je hais seulement/La science et l'esprit qui gâtent les personnes, /Ce sont choses de soi qui sont belles et bonnes ; /Mais j'aimerais mieux être au rang des ignorants/Que de me voir savant comme certaines gens […] Un sot savant est sot plus qu'un sot ignorant. » Aux yeux de Clitandre, ou de Molière, les connaissances scientifiques ne sont pas nuisibles, mais l'intelligence critique est indispensable. Pour les femmes savantes, le mariage est une chose dégoûtante, une chose des ignorants. Cela est seulement une « chose de soi ». Être au rang des ignorants équivaut dans la pièce à choisir de chérir les sentiments, plutôt que la raison.

ÉTUDE DU MOUVEMENT LITTÉRAIRE

Le théâtre de Molière est à la fois lié au classicisme et extrêmement original. Il respecte en effet les règles des trois unités (temps, lieu et action), au point parfois de produire des situations invraisemblables, au sens propre du terme (la reconnaissance miraculeuse de l'enfant perdu à la fin de la pièce, donc de la journée, par exemple). Molière a cependant su inventer une forme totalement nouvelle et donner ses lettres de noblesse à la comédie, dans un siècle où seule la tragédie était considérée comme un genre noble.

Au début de sa carrière de comédien, Molière faisait représenter des pièces contemporaines, de Jean de Rotrou, de Corneille, mais il commence très vite à écrire ses propres comédies, en un acte et en prose (*L'Étourdi*, *Le Dépit amoureux*). Pour cela, il s'inspire des ses modèles contemporains, notamment de la comédie à l'italienne – un théâtre d'improvisation, avec masques, et mettant en scène des « types », comme le vieux barbon, le jeune homme, le médecin, le valet, etc. et représenté par des troupes abulantes. Il emprunte également à la comédie à l'espagnole, dont le représentant principal en France fut Paul Scarron, inventeur du burlesque, qui s'inspirait lui-même d'auteurs comme Tirso de Molina ou Francisco de Rojas. Scarron écrit d'ailleurs une pièce, *Jodelet ou le maître valet*, qui présente la particularité marquante de décentrer l'action, jusqu'alors toujours accordée au jeune homme amoureux, sur son valet et sur ses manigances. C'est la première pièce présentée en France à accorder le rôle principal au personnage du valet de comédie ; et Molière s'en souviendra pour son Scapin, où l'on voit bien que le valet accapare tout l'espace et que les autres personnages ne sont que des marionnettes entre ses mains. Par ailleurs, dans tout le théâtre de Molière, on constate que le couple d'amoureux a peu de profondeur psychologique ; la personnalité du valet, souvent plus malin, plus débrouillard et plus actif que le jeune homme, est très souvent mise en valeur.

Après avoir connu le succès à Paris avec *Les Précieuses ridicules*, puis *L'École des maris*, Molière va véritablement consacrer la comédie. Avec *L'École des Femmes*, il écrit sa première grande comédie en cinq actes et en vers. Il n'en est pas l'inventeur, car Corneille en écrivait déjà avant lui, au début de sa carrière (*Mélite*, *Clitandre*, *La Place Royale*). Cependant, contrairement à ce dernier, il y ajoute une dimension subversive et dénonciatrice des travers de son temps. Alors que la comédie de Corneille relate des intrigues amoureuses (à la manière des tragi-comédies), celle de Molière devient progressivement psychologique, et se livre à une étude des « types » sociaux et moraux de son siècle. La comédie devient ainsi un outil satirique, qui vaudra à Molière d'être comparé aux deux grands noms de la comédie antique, comme le dit cette épitaphe que lui dédia La Fontaine : « Sous ce tombeau gisent Plaute et Terrence, / Et cependant le seul Molière y gît : / Leurs trois talents ne formaient qu'un esprit, / Dont le bel art réjouissait la France. »

La comédie moliéresque est donc le grand modèle de la comédie au XVIIe siècle et Molière est considéré comme l'un des piliers du théâtre de son temps, aux côtés de Corneille et de Racine.

DANS LA MÊME COLLECTION
(par ordre alphabétique)

- **Anonyme**, *La Farce de Maître Pathelin*
- **Anouilh**, *Antigone*
- **Aragon**, *Aurélien*
- **Aragon**, *Le Paysan de Paris*
- **Austen**, *Raison et Sentiments*
- **Balzac**, *Illusions perdues*
- **Balzac**, *La Femme de trente ans*
- **Balzac**, *Le Colonel Chabert*
- **Balzac**, *Le Lys dans la vallée*
- **Balzac**, *Le Père Goriot*
- **Barbey d'Aurevilly**, *L'Ensorcelée*
- **Barbey d'Aurevilly**, *Les Diaboliques*
- **Bataille**, *Ma mère*
- **Baudelaire**, *Les Fleurs du Mal*
- **Baudelaire**, *Petits poèmes en prose*
- **Beaumarchais**, *Le Barbier de Séville*
- **Beaumarchais**, *Le Mariage de Figaro*
- **Beauvoir**, *Mémoires d'une jeune fille rangée*
- **Beckett**, *En attendant Godot*
- **Beckett**, *Fin de partie*
- **Brecht**, *La Noce*
- **Brecht**, *La Résistible ascension d'Arturo Ui*
- **Brecht**, *Mère Courage et ses enfants*
- **Breton**, *Nadja*
- **Brontë**, *Jane Eyre*
- **Camus**, *L'Étranger*
- **Carroll**, *Alice au pays des merveilles*
- **Céline**, *Mort à crédit*

- **Céline**, *Voyage au bout de la nuit*
- **Chateaubriand**, *Atala*
- **Chateaubriand**, *René*
- **Chrétien de Troyes**, *Perceval ou le conte du Graal*
- **Chrétien de Troyes**, *Yvain ou le Chevalier au lion*
- **Cocteau**, *La Machine infernale*
- **Cocteau**, *Les Enfants terribles*
- **Colette**, *Le Blé en herbe*
- **Corneille**, *Le Cid*
- **Crébillon fils**, *Les Égarements du cœur et de l'esprit*
- **Defoe**, *Robinson Crusoé*
- **Dickens**, *Oliver Twist*
- **Du Bellay**, *Les Regrets*
- **Dumas**, *Henri III et sa cour*
- **Duras**, *L'Amant*
- **Duras**, *La Pluie d'été*
- **Duras**, *Un barrage contre le Pacifique*
- **Flaubert**, *Bouvard et Pécuchet*
- **Flaubert**, *L'Éducation sentimentale*
- **Flaubert**, *Madame Bovary*
- **Flaubert**, *Salammbô*
- **Gary**, *La Vie devant soi*
- **Giraudoux**, *Électre*
- **Gogol**, *Le Mariage*
- **Homère**, *L'Odyssée*
- **Hugo**, *Hernani*
- **Hugo**, *Les Misérables*
- **Hugo**, *Notre-Dame de Paris*
- **Huxley**, *Le Meilleur des mondes*
- **Jaccottet**, *À la lumière d'hiver*
- **James**, *Une vie à Londres*
- **Jarry**, *Ubu roi*
- **Kafka**, *La Métamorphose*

- **Kerouac**, *Sur la route*
- **Kessel**, *Le Lion*
- **La Fayette**, *La Princesse de Clèves*
- **Le Clézio**, *Mondo et autres histoires*
- **Levi**, *Si c'est un homme*
- **London**, *Croc-Blanc*
- **London**, *L'Appel de la forêt*
- **Maupassant**, *Boule de suif*
- **Maupassant**, *Le Horla*
- **Maupassant**, *Une vie*
- **Molière**, *Amphitryon*
- **Molière**, *Dom Juan*
- **Molière**, *L'Avare*
- **Molière**, *Le Tartuffe*
- **Molière**, *Les Fourberies de Scapin*
- **Musset**, *Les Caprices de Marianne*
- **Musset**, *Lorenzaccio*
- **Musset**, *On ne badine pas avec l'amour*
- **Perec**, *La Disparition*
- **Perec**, *Les Choses*
- **Perrault**, *Contes*
- **Prévert**, *Paroles*
- **Prévost**, *Manon Lescaut*
- **Proust**, *À l'ombre des jeunes filles en fleurs*
- **Proust**, *Albertine disparue*
- **Proust**, *Du côté de chez Swann*
- **Proust**, *Le Côté de Guermantes*
- **Proust**, *Le Temps retrouvé*
- **Proust**, *Sodome et Gomorrhe*
- **Proust**, *Un amour de Swann*
- **Queneau**, *Exercices de style*
- **Quignard**, *Tous les matins du monde*
- **Rabelais**, *Gargantua*

- **Rabelais**, *Pantagruel*
- **Racine**, *Andromaque*
- **Racine**, *Bérénice*
- **Racine**, *Britannicus*
- **Racine**, *Phèdre*
- **Renard**, *Poil de carotte*
- **Rimbaud**, *Une saison en enfer*
- **Sagan**, *Bonjour tristesse*
- **Saint-Exupéry**, *Le Petit Prince*
- **Sarraute**, *Enfance*
- **Sarraute**, *Tropismes*
- **Sartre**, *Huis clos*
- **Sartre**, *La Nausée*
- **Senghor**, *La Belle histoire de Leuk-le-lièvre*
- **Shakespeare**, *Roméo et Juliette*
- **Steinbeck**, *Les Raisins de la colère*
- **Stendhal**, *La Chartreuse de Parme*
- **Stendhal**, *Le Rouge et le Noir*
- **Verlaine**, *Romances sans paroles*
- **Verne**, *Une ville flottante*
- **Verne**, *Voyage au centre de la Terre*
- **Vian**, *J'irai cracher sur vos tombes*
- **Vian**, *L'Arrache-cœur*
- **Vian**, *L'Écume des jours*
- **Voltaire**, *Candide*
- **Voltaire**, *Micromégas*
- **Voltaire**, *Zadig*
- **Zola**, *Au Bonheur des Dames*
- **Zola**, *L'Argent*
- **Zola**, *L'Assommoir*
- **Zola**, *Nana*
- **Zola**, *Pot-Bouille*